Cartas al Pasado

Carlos Fareta

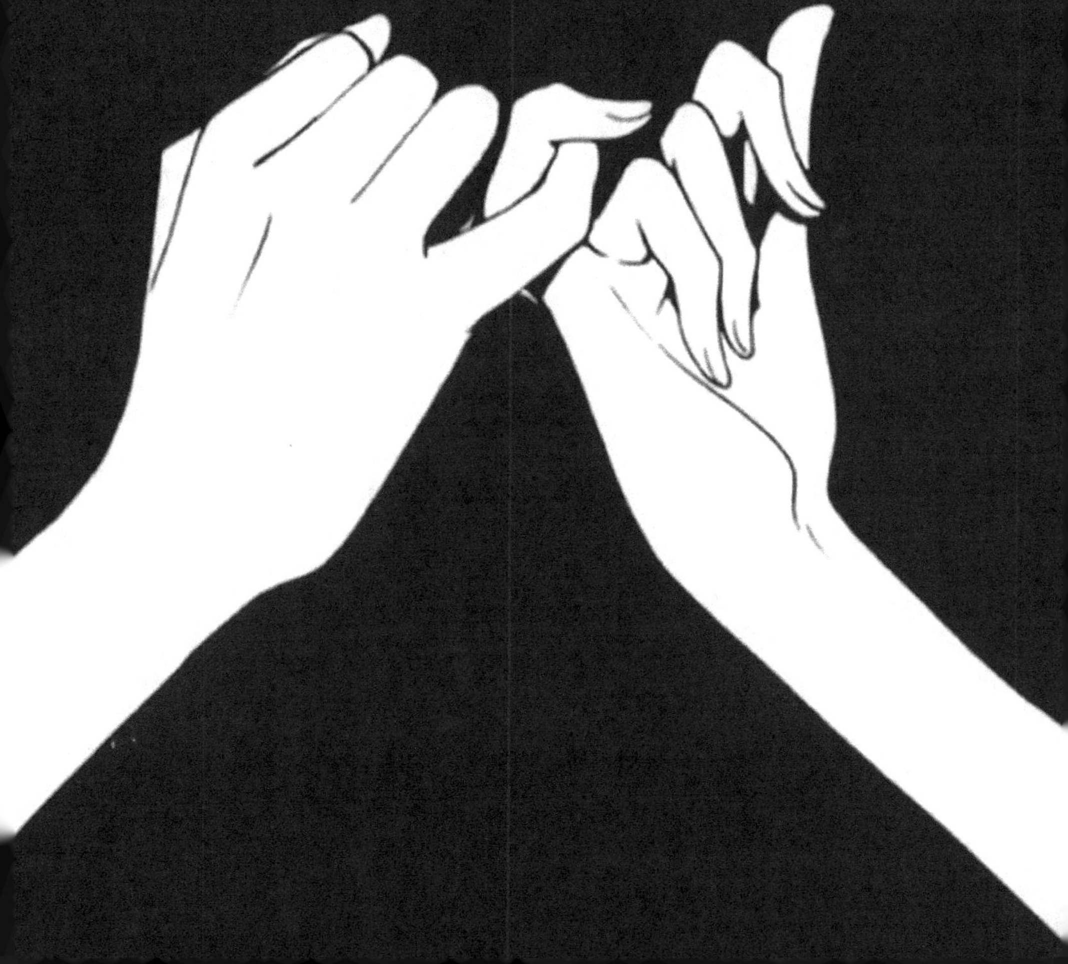

Cartas al Pasado

ISBN: 9798853195707

Carlos Fareta

Cartas al pasado

Cartas al Pasado

Índice

NOTA IMPORTANTE:

Utiliza un lector de código QR

para acceder a los temas musicales del libro.

Carlos Fareta

Prólogo

"Cartas al Pasado" no es más que varios fragmentos desprendidos de mi mente por aquellas ocasiones que tuve miedo de expresar mis emociones y sentimientos al mundo, este libro a la vez es mi manera de pedir disculpas por el daño que pude causar a otros seres, no era mi intención, puedo asegurar que aquellos errores cometidos me enseñaron que hay caminos que no se deben de volver a recorrer, doy gracias a la vida por las lecciones que aprendí, a pesar del dolor físico y mental que sobrellevé a causa de mis malas decisiones, he mejorado como ser humano y continuo en el proceso de meditación y crecimiento espiritual, este libro va dedicado a todas esas personas que tienen una voz y la ocultan ante los demás por temor a no ser aceptados ante la sociedad, animo, no le temas al poder de las palabras, las ideas cambian al mundo. Esto es para ti, por el tiempo que te tomarás a explorar mi mente, te dedico estas palabras como un pequeño adelanto a este viaje a través de mis pensamientos:

"Ten la valentía de rebelarte ante las injusticias, miles de años le tomó al ser humano perfeccionar el lenguaje, para que ahora intenten silenciarnos"

Cartas al Pasado

Carlos Fareta

¡No sé cómo explicarlo,

pero cuando me leen,

siento que existo!

Aunque mi cuerpo

se reduzca a polvo,

entre todas estas letras

mi espíritu permanecerá vivo.

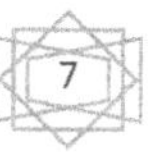

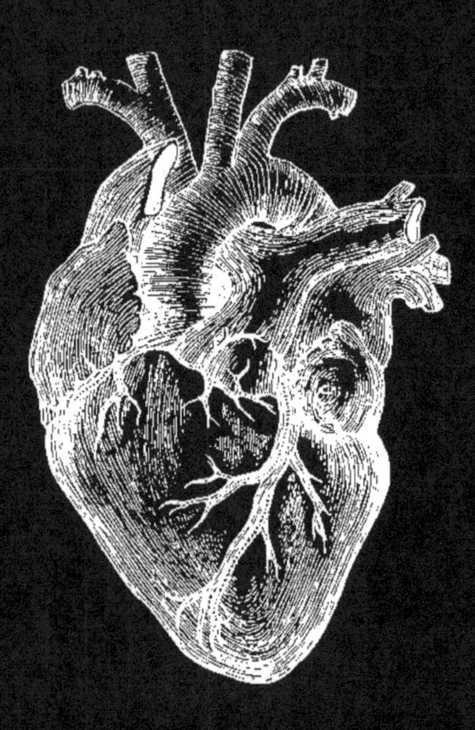

I
ENAMORAMIENTO.

Cuando la conocí

la observé cerca,

muy cerca de mí,

y mis ojos la retrataron

a la perfección,

lo suficiente para mantenerla

viva en mis pensamientos.

Difícilmente podré olvidarla.

Cartas al Pasado

Las palabras sobran

cuando las miradas conectan,

el silencio se llega a sentir tan acogedor,

y aunque intentemos no ser tan evidentes,

nuestras sonrisas nos delatarán ante el mundo.

¡Dime si esto es amor,

por qué me encanta este sentimiento

que llevo aquí adentro en el pecho!

Benditos los secretos

que guardan nuestras miradas.

Carlos Fareta

Te vi sonreír,

y al instante te reconocí de vidas pasadas.

Permítame presentarme:

Soy su alma gemela de hace otras vidas,

y he venido en su búsqueda.

Déjeme decirle que sería un placer

si usted me permitiese estar a su lado

nuevamente en esta vida.

Cartas al Pasado

Sin hacer ruido

entraste en puntillas a mi vida,

robándome por completo el corazón.

 A eso le llamo el crimen perfecto.

Carlos Fareta

Por favor,

dime que has estado pensando

en mí, aunque sea un momento,

desde aquel día que di por manifestado

mis sentimientos hacia ti.

Cartas al Pasado

 Me dijo "Te quiero",

y yo le creo por su forma de mirar,

sus ojos no saben mentir.

EMPIREO:

Admire su coraje,

reflejaba valentía a través de sus ojos,

desafiaba a mi infierno contra todo pronóstico.

Ella no dudó en liberar mi alma sin importar

enfrentar a mis propios demonios.

¡Lo hacía por mí,

únicamente por mí!

Un simple mortal

que contempló un poco del cielo

a través de su mirada.

No necesita de escotes ni minifaldas,

ella es de las chicas que seducen con la sonrisa,

y te aceleran el pulso con la mirada.

Carlos Fareta

Destino

Yo vivía desafiando el viento y los mares,

estaba cansado de que el destino atara sus hilos sobre mí.

Hasta que aquella tarde detuve mis pasos,

bajando la guardia.

De repente nuestras miradas se cruzaron,

fue ahí cuando noté que el destino me había alcanzado,

y así, solo así, supe que las piezas ya estaban en su lugar.

Cartas al Pasado

Te quiero de la manera más sincera,

como la de dos recién enamorados

que al caer la tarde van de camino

al parque, tomados de las manos,

de la vida,

del amor.

Carlos Fareta

No fue casualidad,

lo sentí en la piel,

en los huesos,

en el corazón,

lo nuestro es un encuentro de almas

destinadas a suceder.

Cartas al Pasado

 Todo pasó muy deprisa,

me perdí fácilmente en su sonrisa,

y después de un momento

pude reencontrarme

en medio de su mirada.

Carlos Fareta

Algunos magos sacan conejos de un sombrero,

y luego ella sin trucos bajo la manga

con una sonrisa te hace sentir mágicamente

mariposas en el estómago.

¡Esa chica tiene magia!

Yo tan perdido,

y tú tan dispuesta

a convertirte

en mi camino.

Carlos Fareta

¡Ella es de admirar!

Te habla de amor

como si jamás

le hubieran partido

el corazón.

Bésame,

bésame mucho

hasta calmar esta sed

que tengo de ti.

No tengas piedad de mí.

Carlos Fareta

Conquistaste mi corazón,

y aquello fue el detonante

que me llevó a crear versos y poesía.

Cartas al Pasado

¡Ven mujer!

Desata tu caos en mí.

Muéstrate como eres,

tan valiente,

tan salvaje,

tan única.

Sin máscaras,

sin miedo,

sin filtros.

Solo quiero que seas tú,

siempre tú.

Carlos Fareta

Tu sola presencia

domina a mis demonios.

Y todavía preguntas

si eres suficiente para mí.

¡Cariño, si supieras que me das todo

con tan solo existir!

Cartas al Pasado

Has encontrado flores

entre mi mala hierba,

a ti te pertenece

la mejor versión de mí,

me entrego a ti por completo.

Carlos Fareta

Yo era un suicida

hasta que te vi sonreír.

Debe ser pecado

que mis demonios

deseen besar a un ángel como tú.

Carlos Fareta

Cariño, debes de comprender

lo maravillosa que eres

ante los ojos del mundo,

contigo rompieron el molde,

ni en un millón de vidas

existirá alguien como *tú*.

Cartas al Pasado

No sé si esto es casualidad o destino,

pero me es un placer tenerte

aquí a mi lado.

Carlos Fareta

Tu amor llegó a mí
como lluvia en plena sequía,
es por eso que cuando te vi venir
yo supe como entregarme a tus brazos.

Cartas al Pasado

Como un rayo de luz

que se infiltra entre las cortinas al amanecer,

el amor llegará a ti

y te abrirá los ojos, el corazón,

la mente y el alma.

Entrégate a el sin dudarlo.

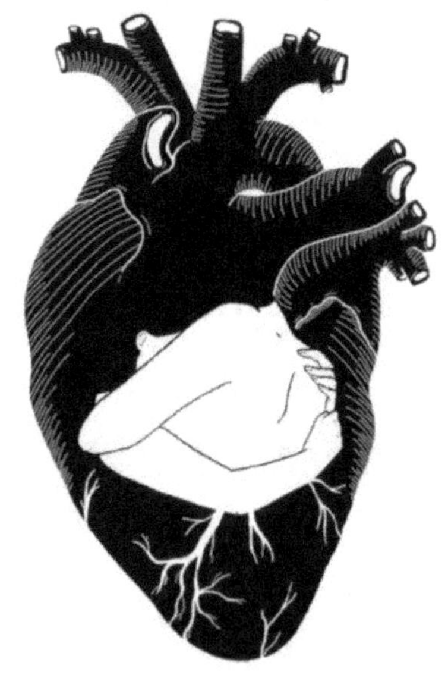

Carlos Fareta

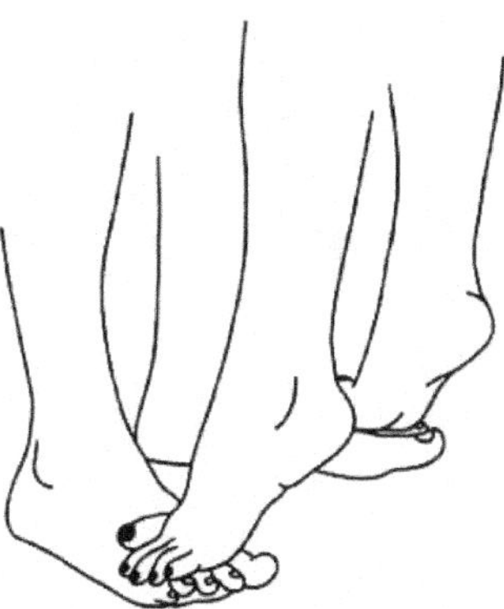

¡Es qué usted no sabe lo feliz que me hace su sola existencia!

Cartas al Pasado

Vértigo:

Me tienes en la palma

de tu mano.

¡Cariño, no me dejes caer!

Carlos Fareta

El arte de la seducción

inicia en las miradas

y termina en los labios.

Hasta la persona más fría

termina encontrando

un infierno en donde quemarse.

Carlos Fareta

Sé que tipo de persona soy,

pero usted me motiva

a ser mejor cada día.

Cartas al Pasado

 Ella es la locura

que mi alma deseaba experimentar.

Carlos Fareta

Me besas, y lo extraño de eso

es que siento que acaricio

el cielo, sin despegar

los pies del suelo.

Cartas al Pasado

Ni siquiera estaba

buscando enamorarme,

pero mi corazón te reconoció

al verte llegar.

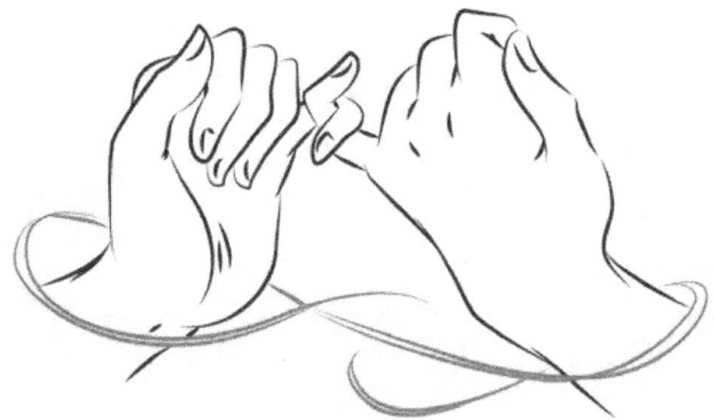

Carlos Fareta

Y si quieres hacer algo de mí,

por favor, solo hazme tuyo,

por que mucho daño

ya me ha hecho la gente.

Cartas al Pasado

Tiene tanto fuego y pasión

en sus ojos que hace que a cualquier

hombre se le encienda

el corazón con una sola mirada.

Carlos Fareta

Ella es la tentación,

el deseo de cada hombre a poseerla.

Y seré claro,

voy un paso más adelante que ellos,

no son solo deseos físicos y ganas de saciar el placer

al obtener su cuerpo lo que me impulsa a conquistarla,

va más allá de una simple atracción física;

son estos designios del corazón lo que me mueve hacia ella,

lo que me motiva a quererla,

amarla en cuerpo y alma,

seré aún más claro todavía con mis intenciones,

lo que me atrae de esa mujer sobre todas las cosas

es su mente y su corazón.

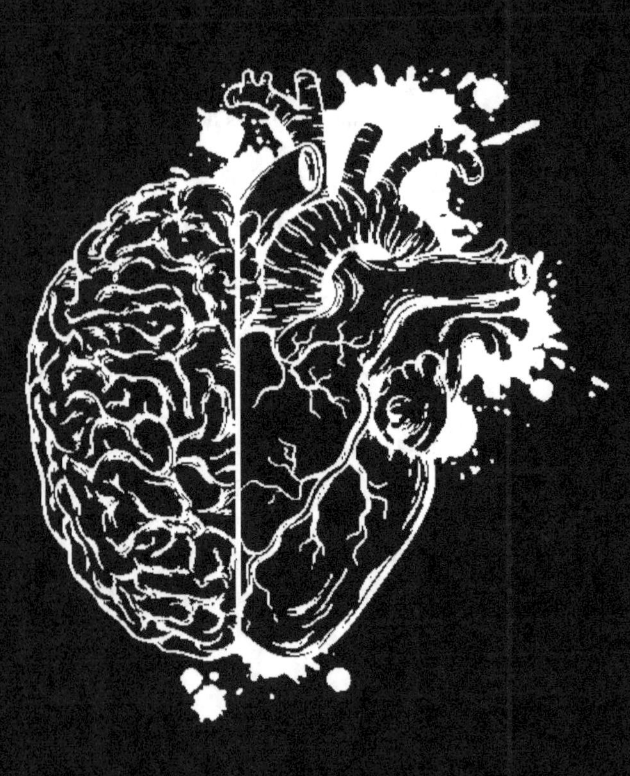

II
Compromiso

¡Qué bonita forma de pensar tienes,

hace que resalte tu inteligencia!

 Deja de juzgar tu cuerpo,

entre el cielo, el mar y la tierra,

eres todo lo que alguien está deseando

encontrar en este preciso momento.

Carlos Fareta

Morimos un poquito cada día,

aun cuando no hay sangrado,

aun cuando no hay herida.

¿Entonces cuántas vidas necesitamos

para sentirnos realmente vivos?

Por que ya no necesitamos

que nos vendan más el paraíso.

Aquí hemos aprendido a lidiar

con nuestros demonios

por cuenta propia.

Cartas al Pasado

Cuando llueve el agua limpia

todo a su alrededor,

lo mismo sucede

con las lágrimas,

aligera la carga en el pecho,

y limpia el corazón.

Carlos Fareta

Con el tiempo sabrás

en lo importante que se volverán

algunas personas para ti.

 Así que limpia bien tus pies

antes de entrar a sus vidas.

Podrían convertirse en tu refugio.

Cartas al Pasado

¿Quién te dijo que llorar

es muestra de debilidad?

Cada quien maneja

el dolor a su manera,

y encuentra su propia forma

de salvarse.

Carlos Fareta

Quien se ame a si mismo,

sabe lo mucho que vale

como para aceptar ser

una segunda opción.

Jamás aceptes menos

de lo que realmente mereces.

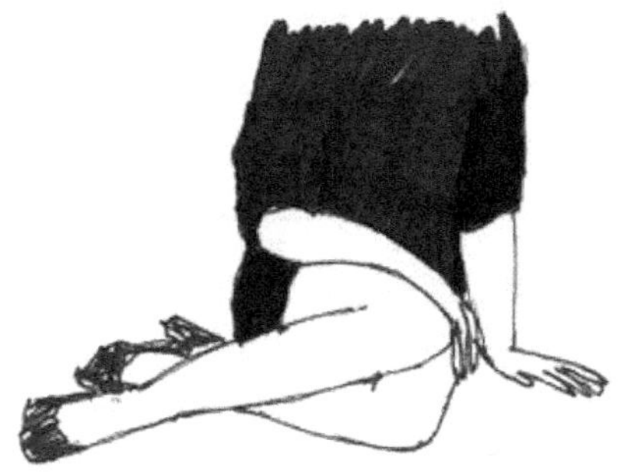

Cartas al Pasado

Ella enojada es una tormenta

que nadie puede controlar,

así que no destruyan su calma,

ni intenten averiguarlo.

Carlos Fareta

No puedes darle poesía

a quien no gusta leer.

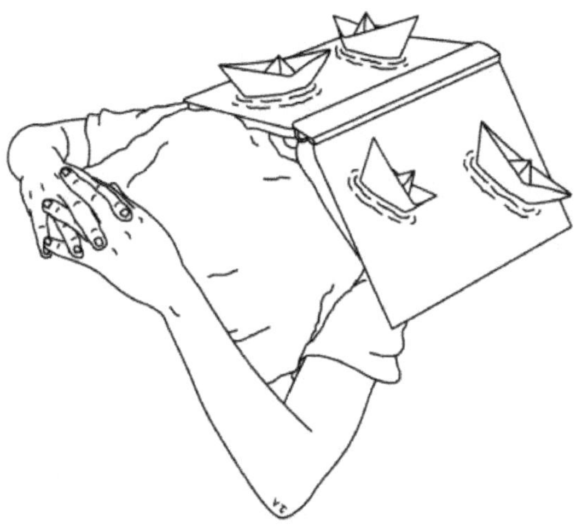

Cartas al Pasado

 Existe un tipo de persona

que aparecerá una sola vez en tu vida,

y te enseñará a como utilizar

de forma correcta el corazón.

Está en ti conservar

su compañía, por que una vez

que pierdas a esa persona

pasarás buscándola entre tanta gente

y no volverá a ser igual.

Algunos seres son únicos.

Carlos Fareta

Si te sientas a esperar

aquello que tanto deseas,

solo conseguirás

que te crezcan raíces.

Metáforas:

Cuida de su jardín,

ella a regado cada flor

con sus lágrimas.

Carlos Fareta

Que te envidie el mundo

por verte florecer,

la mayoría de gente

son solo flores hechas de plástico.

Cartas al Pasado

El mundo pide tener suerte

como si fuese todo lo que se necesitara,

tan equivocados estamos

cuando lo que necesitamos es confianza,

es tan poderosa la seguridad

en una persona, que si aprendiera

a confiar en sí mismo

lograría todo lo que se proponga.

Carlos Fareta

La muerte está celosa por mí,

por que yo estoy bailando

y sonriéndole a la vida.

Cartas al Pasado

Aquello que demuestras vale más…

que todas las palabras bonitas del diccionario.

Carlos Fareta

Le pertenecemos al tiempo,

ya que tarde o temprano

terminará colocando a cada quien

en su respectivo lugar,

aun cuando tengamos nuestros propios planes.

Cartas al Pasado

Soy todo lo que ves,

por que no existirá otra manera

de ser yo mismo.

Carlos Fareta

Me gusta pensar que las cicatrices

nos marcan de por vida,

solo para recordarnos lo fuerte

que podemos llegar a ser

ante el dolor.

Cartas al Pasado

Aún cuando pierdes,

ganas experiencia.

Y eso también

es aprender.

Carlos Fareta

Para los que persiguen sus sueños:

"Deseo que te crezcan alas,

y no inseguridades"

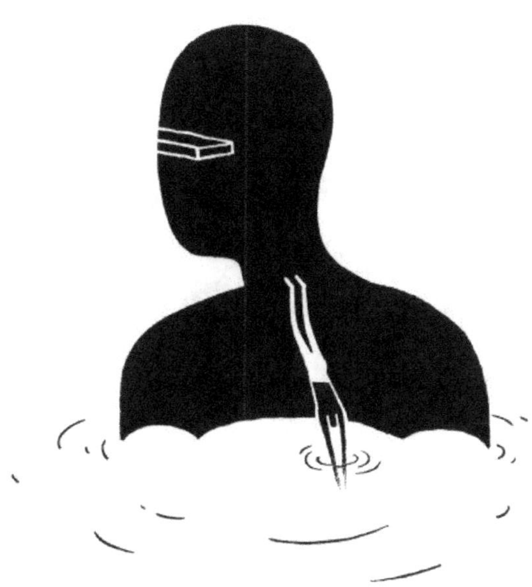

Cartas al Pasado

Encontré bondad

en un corazón destruido,

y eso me hace pensar

que aun cuando pasen los años,

las ruinas jamás olvidarán

que fueron hermosos monumentos.

Carlos Fareta

Cuando permites que te maltraten
tú mismo te estás atando
a las cadenas de la esclavitud,
y no hay nada peor
que dejar en manos de otros
tu propia libertad.

Cartas al Pasado

 Enamórate de ti,

y siente ese amor propio

que buscas entregar

a otros seres.

Carlos Fareta

Lo que ayer dolió, hoy sana

y mañana cicatriza.

Date tiempo,

todo es un proceso.

Cartas al Pasado

Seamos siempre luz,

aunque intenten

mil veces apagarnos.

Carlos Fareta

Y siempre sí valdrá la pena

reducirse a cenizas

por alguien que nos

hizo arder por completo en amor.

Cartas al Pasado

Seamos siempre

lo mejor que damos

sin esperar nada a cambio.

La vida ya se encargará

del resto.

Carlos Fareta

No se debe de extrañar

a quien se va de tu vida

sin despedirse.

Cartas al Pasado

 Una mentira no es tan pequeña

ni inocente si tiene la fuerza

suficiente para intentar

asesinar la verdad.

Carlos Fareta

No están a su nivel,

ella es grande de corazón.

Cartas al Pasado

Nos llamaron mala hierba

por romper las reglas

y aprender a crecer

por nuestra propia cuenta

sobre el asfalto.

Carlos Fareta

Somos sangre nueva

que mantiene viva la poesía,

mantengámonos firmes colegas,

mientras exista el amor,

la verdad y la justicia

jamás podrán silenciarnos,

aunque nos encierren en calabozos

encontraremos nuestra inspiración

en medio de las penumbras.

No detengan su rebeldía,

ella trae los ojos llenos de libertad.

Carlos Fareta

Las mejores lecciones

las tomarás de las peores experiencias,

solo busca el error,

llénate de valor

y vuelve a intentarlo.

Es todo o nada,

si caes levántate,

limpia el polvo de tu cara

y continua, jamás dudes de ti.

¡Ánimo, tú puedes!

Cartas al Pasado

Espero que el camino
que estés tomando
sea el correcto,
y que tu recorrido
esté siendo una bonita
experiencia en esta carretera
llamada vida.

Carlos Fareta

¡Cariño! Me sigo preguntando

¿Por qué condenas tu alma

confundiendo violencia e insultos con amor?

Mereces lo mejor del mundo,

este es tu momento.

No estás sola, cuentas conmigo.

¡Rompe el silencio!

Nadie recuerda a los cobardes,

aquellos que no se arriesgan a amar

están condenados al olvido.

Carlos Fareta

Jamás me sentí tan libre

como en aquel momento

en el cual dejé

de buscar ser aceptado

por el resto del mundo.

Cartas al Pasado

Congelamos el tiempo

por un segundo,

y ahora vivimos

en viejas fotografías.

Carlos Fareta

Que me mires a diario

como el primero día del amor,

solo eso.

 Una de las tantas cosas

que puedo admirar de un ciego,

es su capacidad de amar por completo

con el corazón sin la necesidad

de depender del sentido de la vista.

Carlos Fareta

La gente común le teme al fuego,

en cambio esa chica aviva las llamas,

y baila sobre el.

Cartas al Pasado

Somos el resultado

de incontables errores del pasado.

Solo aquellas experiencias

nos convierten

en seres fuertes y sabios.

Carlos Fareta

No necesitamos el paraíso

para amarnos eternamente,

solo necesitamos que todo esto

que sentimos en esta vida

sea real, solo eso, no pedimos más.

Quiero ser yo,

siempre yo,

sin tener que llegar

a lastimar a los demás.

Carlos Fareta

Poesía

Este es mi lenguaje,

el medio más sincero que conozco

para expresar lo que siento.

Yo soy la nada allá afuera,

deseando sentir todo aquí adentro.

Carlos Fareta

Chica de fuego,

les quedó grande tu infierno

a aquellos que solo buscaban

jugar con palillos de fósforos.

Orgullo

A veces elegimos las disculpas,

otras veces el olvido.

Carlos Fareta

Aprecio mi presente,

ya que soy el resultado

del aprendizaje

a varios errores del pasado.

Cartas al Pasado

Yo y mi otro yo del ayer:

No temas,

son solo malos recuerdos del ayer,

aquellos fantasmas del pasado

no volverán a lastimarnos,

esta vez no lo permitiré.

Carlos Fareta

Tenía la habilidad de transformar

el dolor en poesía,

solo para que el mundo

entendiera un poquito

de su dolor.

Cartas al Pasado

No pido unas manos

que curen mis heridas,

solo deseo unas manos

que no intenten lastimarme,

que acaricien mi dolor.

Carlos Fareta

(C) AMA

¡Qué bien nos sabe el buen sexo

cuando lo hacemos con amor!

Cartas al Pasado

Sigo pensando
que no hay mejor sonrisa
que aquella que renace
entre las cenizas de lo que ayer
creíamos insuperable.

Carlos Fareta

Buscaba paz en otros seres,

aún cuando vivía en guerra consigo mismo.

Y así no funcionan las cosas,

primero hay que enfrentar la tormenta

para encontrar la calma.

Desdichado aquel ser

que está convirtiendo

el amor que ofrece en una prisión

a causa de sus inseguridades,

desconfianzas y miedos,

aquello jamás le permitirá

ser feliz en una relación.

Carlos Fareta

Todos necesitamos
un abrazo fuerte y sincero
alguna vez,
de esos que se sienten
como si nos exprimieran
por completo el pecho,
sacando toda la lágrima y dolor
acumulado en el corazón.

Cartas al Pasado

Decisiones:

Valoro la sinceridad de las personas

que saben lo que quieren

y a quienes quieren en su vida,

pero a la gente indecisa

le tengo tanto pavor,

son las que te van rompiendo en silencio,

poco a poco sin siquiera notarlo.

Carlos Fareta

No permitas que el miedo
te consuma en silencio.
No te subestimes,
no eres llamarada en invierno,
tú eres energía ardiendo
a fuego intenso.

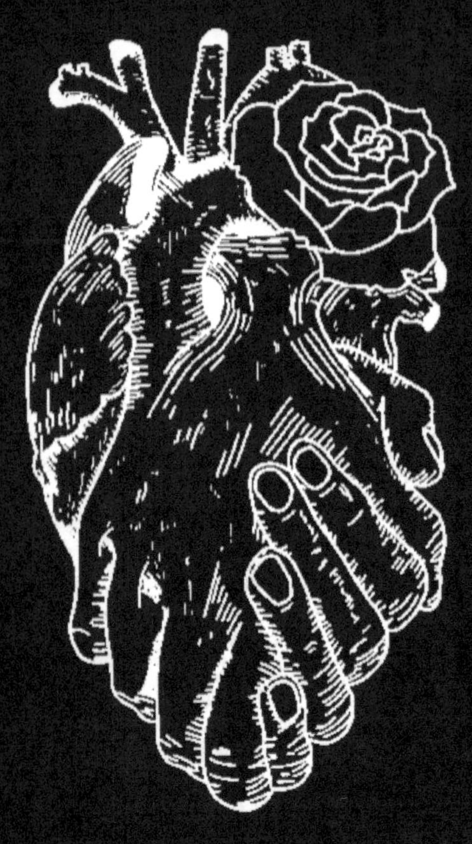

III

AMOR

"Tu cuerpo es lluvia

que sana mi ser,

ven, se diluvio,

quiero ahogarme en ti"

Tú y yo

bajo la tormenta,

bailando y besándonos,

sonriendo y amándonos.

Por que a tu lado la tempestad

se convierte en un desastre encantador.

Carlos Fareta

Amar con el alma

es un lujo que solo

los de corazón noble

pueden darse.

Cartas al Pasado

Que bonita mirada tienes,

aún cuando tus parpados

cargan con el peso de la noche.

¡Ven y cuéntame

sobre aquellas cosas

que no te dejan dormir!

Carlos Fareta

Tacto

Te lo advierto,

mi cuerpo es pólvora

y tus manos son chispas,

si nos seguimos tentando,

arderá en llamas

toda esta habitación.

Conexiones

Soy tan tuyo,

que si alguien más

llegara a tocarme,

lo sentirías en la piel.

Carlos Fareta

Sentidos

Si me abrazas me derretiré

como nieve,

y si me besas

arderé como hoguera.

Ahora que si haces

las dos cosas a la vez,

harás que pierda

el total control en mí.

Carlos Fareta

Mis manos desvistiendo tu cuerpo,

y mi poesía desnudando tu alma,

A eso me refiero con "hacerte mía".

Cartas al Pasado

Amo toda esa locura

que habita en ella,

ya que me hace

sonreír y olvidar

por un momento

a este mundo frío,

aburrido y de gente cuerda.

Carlos Fareta

Jamás cortaría tus alas,

si lo que me llevó

a enamorarme de ti

fue precisamente tu vuelo.

Cartas al Pasado

Estaría dispuesto a seguirte al infierno,

siempre y cuando ardamos juntos en el.

Carlos Fareta

No eran estas frías paredes

las que me hacían sentir en casa,

ahora lo sé,

mi lugar seguro

es donde sea que esté contigo,

tú eres mi refugio,

mi verdadero hogar.

Cartas al Pasado

Ella es un ángel

pecando por un demonio

que le hace sentir en el cielo

mientras arden juntos en el infierno.

Carlos Fareta

Por si dudabas:

Es también a la manera

a como se acelera mi corazón

cuando estoy contigo

a quien debes de creer,

no solo a mi boca

cuando dice "te amo".

Kilómetros

Ojalá que por el momento
solo nos divida la distancia,
y no el olvido.

Carlos Fareta

Siempre tuyo,

sin dudarlo,

sin mirar atrás.

Y no existirán miedos

que me acobarden

si me tomas de la mano.

Carlos Fareta

Si pierdo contigo,

cariño, por favor,

que sean mis miedos,

y no mi tiempo.

Cartas al Pasado

 Eres arte ante mis ojos

sin la necesidad de ver tu cuerpo

desnudo sobre mi cama.

Carlos Fareta

Acepto que todos los hombres

somos perros,

pero la diferencia

es que ninguno de ellos

te han sido leales como yo.

Soy tu perro fiel,

me tienes a tus pies.

Cartas al Pasado

Somos pequeñas galaxias

colisionando a gran velocidad.

¡Quién diría que entre tanto caos

llegaríamos a dar vida

a mágicas constelaciones!

Carlos Fareta

Le llamé "efecto mariposa"

a la cálida brisa que produce

tu voz al disipar todos mis problemas.

Cartas al Pasado

 Bésame, hasta que tus labios

ardan en llamas, y se consuman

sobre los míos.

Carlos Fareta

Que nuestras miradas

conectaran entre tanta gente

fue la más hermosa

forma de coincidir.

Cartas al Pasado

Me acarició el alma,

sanando todo el dolor

que alguna vez oculté

bajo estos escombros

de piel y huesos.

Carlos Fareta

Déjame cubrirte con besos

las cicatrices del corazón.

Eclipse

Te miro y me miras,

me miras y sonrío,

si sonrío te beso,

si te beso suspiras,

si suspiras te miro,

y volvemos a empezar.

Carlos Fareta

Une tus labios en labios míos,

sellemos juntos con un beso

este pacto de amor,

y que la muerte se sorprenda

al descubrirnos eternos.

Cartas al Pasado

Cuando una persona

antes de dormir cierra sus ojos

imaginando su vida junto a otro ser,

con tanta fuerza, con tanta pasión,

deseando de lo imposible lo posible.

A esa hermosa y jodida sensación

en medio del pecho,

es a lo que empezamos

a llamar "amor".

Carlos Fareta

Con la misma intensidad

de un bosque en llamas,

así arde por completo

en mi pecho,

este amor por ti.

Cartas al Pasado

Toda tu vida yendo a velocidad, sin detener tus pasos,

sin mirar atrás. Hasta que un día la ves de frente,

como una luz cegadora directo a tus pupilas,

deseas frenar en seco y lo único que consigues es impactar

de lleno en ella, levantas la mirada, confundido, viéndola

sonreír aun cuando no hay huesos rotos ni posibles

fracturas, estremeciéndote desde tu centro, vibrando

todo tu ser.

 Te das cuenta aún con todas las posibles rutas alternas

que pudiste haber tomado y las señales que has saltado,

cada centímetro, cada metro, cada kilómetro te ha llevado

a ella, convirtiéndose en tu refugio, tu centro de descanso,

tu ruta de evacuación.

 No piensas en un "Yo", solo en un "Nosotros"

volviéndose el copiloto de tu vida.

 Eres tú con ella, alguien con quien desearías desde ahora

seguir recorriendo tus caminos que se vuelven los suyos

y viceversa. Juntos, siempre juntos hasta llegar al final

de la carretera en algún rincón del mundo.

NYLEVE

En las noches más tristes,

ella es una vela encendida

en medio de mi oscuridad.

Cartas al Pasado

Aprendí a leerte entre versos y besos,

pero el mundo no sabe de eso,

para ellos eres aburridos textos,

para mi eres poesía

en movimiento.

Carlos Fareta

Escapémonos a un lugar

donde tú y yo danzaremos

al ritmo de un vals

sobre un campo

de luciérnagas.

Cartas al Pasado

Le basta una sola mirada

para que te termine

hechizando el alma,

y ante eso no existen rituales

ni curas que puedan salvarte.

Carlos Fareta

¿El cielo o el infierno?

Mujer, yo elijo cualquier camino

que me lleve a estar cerca de ti.

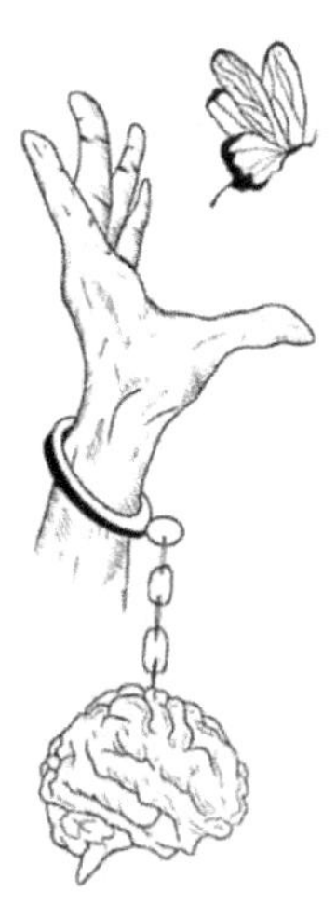

Me regaló buenos momentos a su lado,

de esos que se viven recordando

toda una vida.

Carlos Fareta

No le encuentro el significado

a la existencia humana,

pero te puedo asegurar

que entre sus brazos

le he encontrado el gusto

a la vida.

Tus brazos, mi armadura

contra el mundo y su dolor.

Carlos Fareta

Siempre que me siento perdido

caminando en el borde de la locura,

llega a mi mente el sonido de tu voz,

es por ti que encuentro

el camino a casa,

es tu existencia quien me hace

sentir nuevamente

lleno de vida.

El amor es cuando dices "te quiero" con la mirada,

y "cuídate mucho" con un fuerte abrazo.

Carlos Fareta

Abrázame fuerte,

estoy tan cansado,

y a veces siento

que la vida se me escapa

del cuerpo.

Cartas al Pasado

Veo al amor en ti

como un ciego que observa

por primera vez la belleza del mundo,

después de vivir tanto tiempo

entre la oscuridad.

Carlos Fareta

Como tormenta

sobre el mar,

tú y yo,

desastre perfecto.

Cartas al Pasado

Y cuando sostienes mi mano,

a la vez sostienes mi mundo por completo,

como si fueses mi centro de atracción,

manteniendo cada uno de mis pensamientos

en su respectivo lugar.

Carlos Fareta

Ella, una Diosa.

Hace que mis demonios

pidan tregua

para adorar su alma.

Cartas al Pasado

Aquella noche te llevé

a ver las estrellas,

lucias tan bella,

tu perdida en ellas,

y yo perdido en ti.

Carlos Fareta

Pasé de soñarte

abrazado a mi almohada,

a que me robes el sueño en mi cama.

Eres mil veces mejor

que todas mis fantasías sexuales;

cariño, tú eres real.

Cartas al Pasado

Entre tus brazos
creo en el amor eterno,
mi pequeña "para siempre"

Creo en el cielo de tus ojos,
mi bello ángel.

Mi cuerpo sucumbe a tus pies
con el sonido de tu voz
cuando susurras a mi oído
un "Te amo".

Carlos Fareta

Disculpa mis lágrimas,

es que te juro nadie

me había acariciado

así de bonito el corazón.

Cartas al Pasado

Odio observarme al espejo,

pero me gusta ver mi cuerpo desnudo

descansando sobre el tuyo

después de hacer el amor.

Solo tú sabes desvestir

mis inseguridades.

Carlos Fareta

Tus caricias

están grabadas sobre mi piel.

Aun si viviera

sumergido en la oscuridad,

reconocería tu tacto

al instante.

Cartas al Pasado

Ella lleva el cielo en su mirada,

y el infierno entre sus piernas.

Carlos Fareta

¡Rápido,

muérdeme los labios,

quiero estar seguro

de que besar tu boca

no ha sido un sueño!

Cartas al Pasado

Y cuando dudes sobre mi amor,

lee mi alma a través

de nuestras miradas,

yo te prometo ser siempre

un libro abierto para ti.

Carlos Fareta

No existe nada más dulce

y tentador a mis labios

que el néctar que resguardas en tu boca,

es por eso que al besarme

haces que revoleteen

suavemente las mariposas

que habitan en mi estómago.

Cartas al Pasado

Tantos miedos a sentir

en este mundo,

y yo aquí,

sintiendo únicamente

miedo a perderte.

Carlos Fareta

Te elegí a ti

por que eres

lo más parecido

a lo que mamá

me describió

sobre lo bonito del amor.

Cartas al Pasado

 No sé si el destino

tenga buena memoria,

pero espero recuerde

volver a juntarnos

en otras vidas.

Carlos Fareta

Cariño, si la vida es dura

contigo y te hace pedazos,

yo siempre estaré ahí

a(r)mando cada parte de ti

de manera incondicional.

Puedes confiar en mí.

Cartas al Pasado

- ¿Me amas? -

- *Con toda mi vida.* -

- ¿Y eso es mucho? -

- *Quédate conmigo*

y lo descubrirás. –

Carlos Fareta

Y sobre sus cenizas

él la hizo florecer.

Le enseñó que el amor

también es permitirse

ser ayudado a sanar,

para crecer mutuamente

de manera espiritual.

Cartas al Pasado

Yo solo te robé un beso,

y en ese beso

tú me has robado el corazón.

Rompecabezas

Existirán millones de personas en este mundo,

pero en ninguna de esas vidas podré encajar

de manera perfecta como encajo contigo.

Tú y yo somos el uno para el otro,

estamos hechos a la medida.

Tiene el corazón lleno de lealtad,

y una mente tan pervertida,

ella, mi chica ideal.

Carlos Fareta

Fantasías textuales

Me acarició suavemente toda la piel,

sus manos recorrieron todo mi cuerpo,

y yo dejé caer por primera vez

todas mis dudas y miedos al suelo

entregándome al amor entre sus brazos,

aquella noche yo fui suyo y ella mía

de todas las maneras humanamente posibles.

Cartas al Pasado

Besó mi piel,

mis lunares,

mis cicatrices,

mis lágrimas,

recosté mi cabeza sobre su pecho,

y sus brazos rodearon mi espalda.

- Cierra tus ojos cariño,

tu amor conmigo estará a salvo. –

Mencionó al abrazarme,

y para mí aquellas palabras

lo eran todo sobre mi frágil

e insignificante existencia,

para mí eso era amor.

Carlos Fareta

Tus gemidos

son música para mis oídos,

y esta noche haré

que des un concierto

en mi habitación.

Cartas al Pasado

 Me encanta la inocencia

en tus palabras al enamorarme,

y la violencia de tu cuerpo desatando

sus deseos al hacerme el amor.

Carlos Fareta

Había estado solo tanto tiempo,

y sé que estaría igual de bien

aún si nunca te hubiese conocido,

pero en noches como esta

agradezco tanto al cielo,

y a aquella tarde

de febrero que nos hizo coincidir

bajo la misma lluvia,

ambos temblando,

tú de frio y yo de emoción

al tenerte frente a mí.

Bendito el destino

que me ha llevado a ti.

IV

Dolor

"Finges que no duele,

hasta que te abrazan y rompes en llanto"

"No te perdono que me hayas dado alas,

solo para hacerme estrellar

en una mentira".

Carlos Fareta

Rompe las promesas,

los juramentos,

rompe los poemas,

las cartas de amor,

rompe mis huesos

si no te es suficiente,

pero por favor,

no rompas mi corazón,

es lo único bueno que tengo

para ofrecer.

Los ausentes siempre regresarán

en forma de recuerdos.

¡Dime tú!

¿Cómo se abraza lo intangible?

Carlos Fareta

Que difícil le es a la mente

dejar de anticipar pensamientos

y sucesos que no puede controlar.

Puedes escapar de la gente,

pero jamás de ti.

Estando a solas,

es cuando te haces más daño.

Me conociste volando alto.

¿Por qué ahora que estamos juntos

quieres cotar mis alas?

Carlos Fareta

La ironía del ser humano:

Descuidar a quien tienes,

y cuando lo pierdes

desearlo de vuelta.

Cartas al Pasado

Sociedad

Hay que ser tan valientes para arriesgarse a entregar

por completo el corazón, en estos tiempos donde el amor

es visto como una mercancía.

La mayoría de gente suele salir a buscar cuerpos

con medidas exactas, o lo que se aproxime a ello,

como si fuesen por carne al mercado.

El alma y los sentimientos están quedando en segundo plano,

como si no fuese suficiente lidiar con nuestros propios

complejos para caer también sumidos en los estándares

de belleza establecidos por esta absurda sociedad.

Por que algunas veces puedes dar todo a cambio de nada,

esperando simplemente a que no te devuelvan hecho añicos

el corazón.

Carlos Fareta

Inundación

¿Cómo dejas de extrañar

a alguien que jamás será para ti?

Por que aquí adentro

todo se empezó a desbordar,

y yo no deseo ahogarme.

Rutas

Aunque no estemos

destinados a amarnos,

me alegra que al menos

nos hayamos encontrado

en el camino.

Carlos Fareta

La condición humana.

La existencia humana se está basando en no sentir

ni una mierda, esta generación cree que gana aquel

que menos demuestra sentimientos, hoy en día se están

acostumbrando a no darse una mano e ignorar

a sus semejantes, a pasar por encima de los demás,

se han encargado de corromperse el alma, la mente

y el corazón.

Todo acto de sentimentalismo les asusta,

desde un te quiero a un abrazo sincero.

Como si fuese un delito usar por completo el corazón,

y se conformaran con llevar una fría piedra en el pecho,

como sí ya no fuese un privilegio sentir amor.

Vista

No tiene nada de lógica

buscar salvación

en aquella persona

que te lanzó al abismo.

¿Por qué no quieres abrir los ojos para verlo?

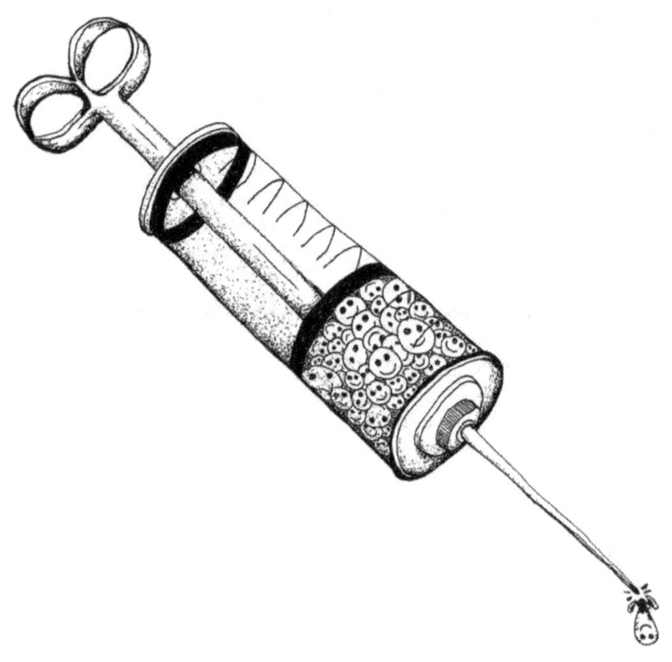

Vista

Carlos Fareta

Tú en tu mundo

tan ajena a mí,

y yo aquí en silencio,

reservado a ti,

sintiéndome tan tuyo

aún en la imaginación.

¡Qué locura la mía!

El amor no correspondido

también puede llegar a matarnos

lentamente.

ÉXTASIS

Al cerrar mis ojos

encuentro el punto exacto

entre los recuerdos placenteros

de nuestros cuerpos fundidos

y estas manos llenas de placer.

Debes de saber que la cama

cada noche aún pregunta por ti.

Carlos Fareta

Inhóspito

Me voy,

por que esperar amor por tu parte

es como buscar agua en el desierto.

Y yo desde hace un buen rato

he estado muriendo de sed.

No se le abre las puertas

del corazón por segunda vez

a quien ya antes se fue

dejándonos jodida la vida.

Carlos Fareta

Constelaciones

Las estrellas fugaces

me recuerdan a esa persona

que me juró amor eterno,

y hoy ya no está aquí a mi lado.

Cartas al Pasado

Soledad

La mayoría de personas se sienten solas,

sin importar de que estén rodeadas de otra gente,

se sienten simplemente solas y se preguntan:

- ¿Ah quién podría llamar a estas horas de la noche,

realmente hablar, desahogar toda esta mierda mental

que me consume por dentro, con quién podría

sentirme escuchado? –

Pero ahora dime tú ¿Con cuántas personas puedes llegar

a ser tú mismo en este preciso momento?

Porque sea cual sea la situación o compañía,

romperse, aunque no lo parezca es una bella forma

de liberar dolor, de transformarse y volver a armarse

a su debido tiempo bajo nuestro propio proceso,

aún si no existe nadie a nuestro alrededor para ayudarnos

a volver a ser nosotros mismos.

Carlos Fareta

Y se perdió en la rutina,

ya no se sentía como un ave volando alto.

Ahora tan solo era una mosca sobrevolando

en los restos de una vida que ya se fue.

Cartas al Pasado

No era precisamente tu mano
a la que extrañaba estrechar,
era más bien a aquella sensación
de ser sostenido por una mano
que pensé no me soltaría jamás.

Carlos Fareta

INVIERNO

¿Alguien podría guiarme?

No encuentro el camino a casa y aquí ya creció la mala

hierba, quedando mi valentía por debajo de mis rodillas.

Está a punto de llover y mi cuerpo yace en el suelo,

acechado por el miedo, implorando por un poco de piedad.

Juré que mis lágrimas jamás estarían llenas de memorias,

pero me ayudan a respirar.

Ahora voy detrás del tiempo,

alimentándome de recuerdos para poder continuar.

La vida no se detiene, porque polvo somos y polvo seremos

sobre esta tierra que nos vio nacer.

¡Algo me dice que esto no es el fin del mundo!

Solo el inicio a una vida nueva que me invita a renacer.

Cartas al Pasado

Te amaré en silencio,

aun cuando este sentimiento

dentro de mí

haga tanto ruido.

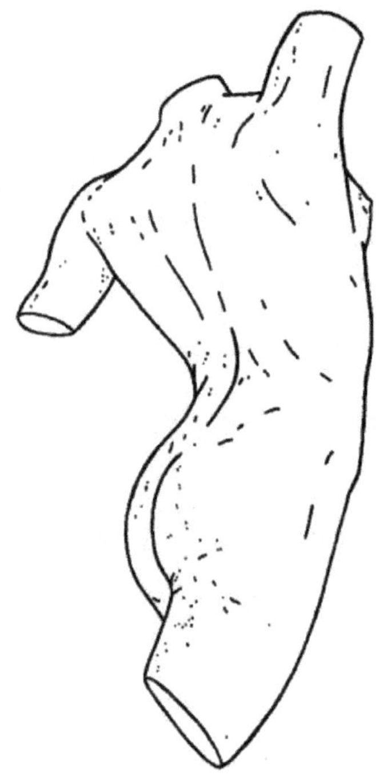

Carlos Fareta

Quiero abrazar a mi reflejo en el espejo,
pedirle perdón por todo el odio
y daño que le he hecho a mi cuerpo.
Valgo tanto como para no darme
una oportunidad y llegar a amarme
como nadie más podría hacerlo.

Cartas al Pasado

 Regresa aquí,

y llévate todas nubes grises

que has dejado en mí.

 Solo quiero volver a ser verano.

Carlos Fareta

Sean libres mariposas,

mi estomago ya no es

un lugar habitable para ustedes.

Ella ama a alguien más.

Le temes tanto a la soledad

por que sabes que no puedes lidiar

con todo ese desastre

que habita en ti.

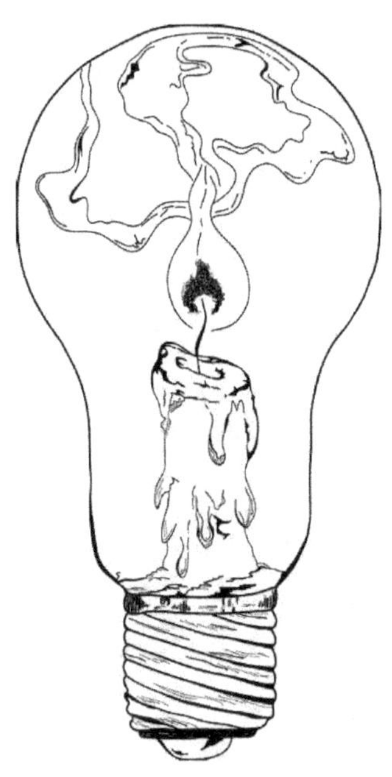

Carlos Fareta

Manipulación

Prefiero perderte a ti

antes de perderme a mí

y terminar desconociéndome.

Cartas al Pasado

 Quédate con tus dudas,

yo me marcharé

sabiendo que te entregué

por completo el corazón.

Carlos Fareta

Cuando hablas y no me permites defenderme:

Llevo silencios dentro de mí,

que me piden a gritos

ser escuchado.

Cartas al Pasado

Me forcé tanto a encajar en un sitio

al cual no pertenecía,

y cuando encontré

mi verdadero lugar

yo ya no era el mismo,

sentía que nada de lo bueno

que me sucedía lo merecía.

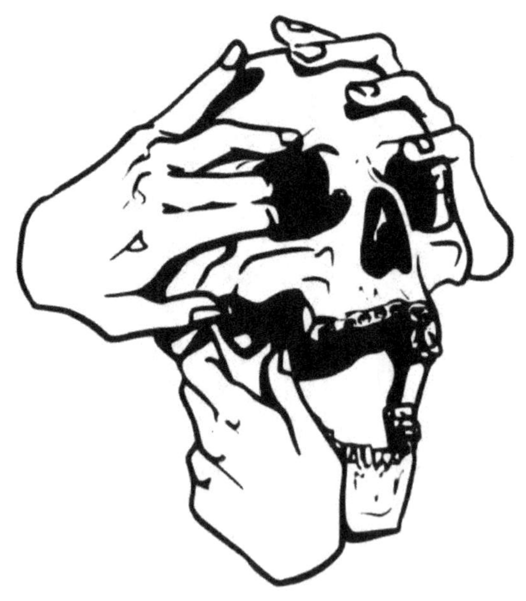

Carlos Fareta

Espero que aún me recuerde tu boca

cuando intentes olvidarme

en otros labios.

Cartas al Pasado

Algunos "juntos por siempre"

venían con fecha de vencimiento.

Carlos Fareta

En el mar del olvido

nuestro amor

descansa en sus profundidades.

Cartas al Pasado

Eras mi ruta de escape,

y cuando te fuiste,

me dejaste sin salida.

Carlos Fareta

Alejas a aquel

que no se quiere ir

de tu lado,

solo por esperar a alguien

que no va a volver.

Suelta el pasado.

Obsesión

Amé tanto a la rosa,

que aun besando sus pétalos

me importó poco que al acariciarla,

me lastimaran sus espinas.

Carlos Fareta

Llevo varios "te amo"

silenciados entre mis labios,

y un sentimiento que vive condenado

a mi pecho, mientras muero de amor,

lentamente en secreto por ti.

Cartas al Pasado

Algo tenía muy en claro,

aunque podía protegerla del mundo

de la maldad de su gente,

yo sentía impotencia en mí,

temía dejarla a solas porque aún

no descubría como podría

protegerla de si misma.

Carlos Fareta

Te vi con alguien más,

y al instante las mariposas que vivían

en mi estómago volaron lejos,

empecé a sentir cuervos en el pecho

desgarrando violentamente mi corazón.

Cartas al Pasado

Eres mi sol,

si te vas me dejarás sin amaneceres,

y yo le temo tanto a la oscuridad.

Carlos Fareta

Si intentas olvidarme,

espero que una noche de estas

me encuentres vagando

entre las calles transitadas

de tus recuerdos.

Cartas al Pasado

Arráncame la piel,

por que me es imposible

borrarme los besos

que dejaste grabados

sobre ella.

Carlos Fareta

Adiós Morfeo

Llevo varias noches sin conseguir dormir,

cada madrugada veo como el insomnio

se infiltra en esta habitación.

Se toma su tiempo hasta llegar a gatas

a mi cama mientras trato de cerrar mis ojos

fingiendo contar ovejas saltando el alambre.

Por un momento me vuelvo valiente

y abro mis ojos de forma violenta,

atreviéndome a observar el rostro vacilante del insomnio.

Lleva tu mirada, tu cabello, tus labios, tu sonrisa en el.

Se acerca a mí y me advierte al oído:

- Hoy también habrá fuga de pensamientos, otra vez. –

Me resigno y me abrazo al silencio, sollozando

en la fría profundidad nocturna que me abarca de lleno

toda la piel, imaginando como afuera duerme tranquila

toda esa ruidosa ciudad.

Cartas al Pasado

Quiero despertar de esta pesadilla,

me niego a creer que este mundo

cruel es tan real.

Carlos Fareta

Este mundo está lleno de demonios

disfrazados de ángeles.

Cartas al Pasado

Te imagino en cada lugar donde alguna vez habitamos,

recorro nuestros caminos al caer la tarde,

hasta que mis huesos duelen,

mis pies se vuelven polvo y mis pensamientos

dejan de crear falsos escenarios,

llegando a una conclusión.

¡Pensarte duele,

vaya, sí que duele!

Nadie me advirtió que algunos recuerdos

llegarían a doler toda una vida.

Carlos Fareta

Mi mente está siendo devorada por mis recuerdos.

Cartas al Pasado

 Tengo la certeza de que escribir

aligera la carga en mis pensamientos,

libera a mis demonios,

y levanta muros

sobre mi cobardía.

Carlos Fareta

Tú y yo solo somos un puñado de recuerdos,

recuerdos que ahora levitan

sobre estas cuatro paredes

de mi habitación.

Cartas al Pasado

Te llevaste todo

cuando te fuiste de aquí,

tu risa, tus manías,

tu voz, tu presencia.

Te llevaste todo

cuando te fuiste de aquí,

solo dejaste los muebles,

la tv que compramos,

el jardín que plantamos,

la vida que soñamos.

Te llevaste todo

cuando te fuiste de aquí,

mi alma,

mi aliento,

mis ganas de vivir.

Te llevaste todo

cuando te fuiste de aquí,

y yo me quedé sin nada

cuando te perdí.

Carlos Fareta

Idiota,

tenías que robarle una sonrisa,

no irte y robarle la sonrisa del rostro.

Cartas al Pasado

Pensarte tanto duele
como herida abierta.
Y lo peor del caso
es que sangrar por ti,
es lo mejor que me
está pasando en este momento.

Carlos Fareta

El alba sabía que te ibas a ir,

aquella mañana el sol no quiso salir.

Cartas al Pasado

No quisiera vivir sin ti,

pero cariño, tu forma de amar

me está matando poco a poco.

Carlos Fareta

Amnesia

Me olvidé de mí,

de tan solo pensar en ti.

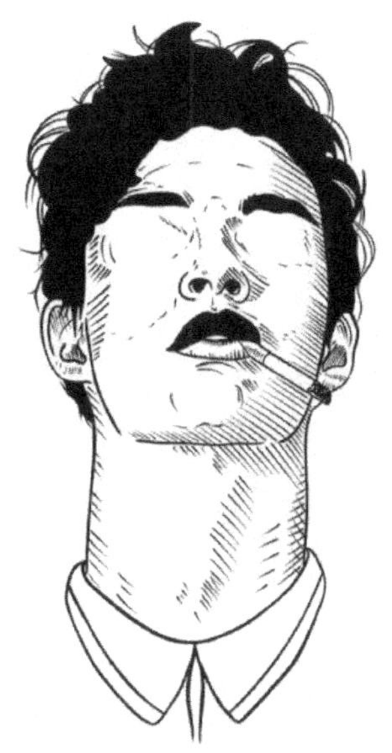

Cartas al Pasado

Creí edificar un amor

sólido y seguro en ti,

pero tus dudas y miedos

lo derribaron,

aquel lugar jamás

será habitable para mí.

Carlos Fareta

¿Acaso les hace falta ver cómo

se nos vuelan los sesos

por toda la habitación para darse cuenta

de que algunos pensamientos pueden llegar

a matarnos silenciosamente?

Cartas al Pasado

Es cuestión de tiempo,

si los huesos rotos sanan,

este corazón roto también lo hará.

Carlos Fareta

Soy mi mejor compañía,

lo supe cuando te dejé ir.

Cartas al Pasado

No me había percatado

de lo completo que alguna vez me sentí,

hasta que llegaste a mi vida,

y me rompiste en pedazos.

Carlos Fareta

A nuestra historia le diste

un punto final.

¿Y para qué?

Si al final el punto

es que me sigues buscando

aún cuando estás con alguien más.

Ho
(E) rrores

Podías elegir entre amarme o destruirme,

elegiste la segunda opción,

y yo te lo había permitido

solo por que eras tú.

Carlos Fareta

No mereces llamarle "mi cielo"

si siempre que hay tempestad

en ella terminas huyendo.

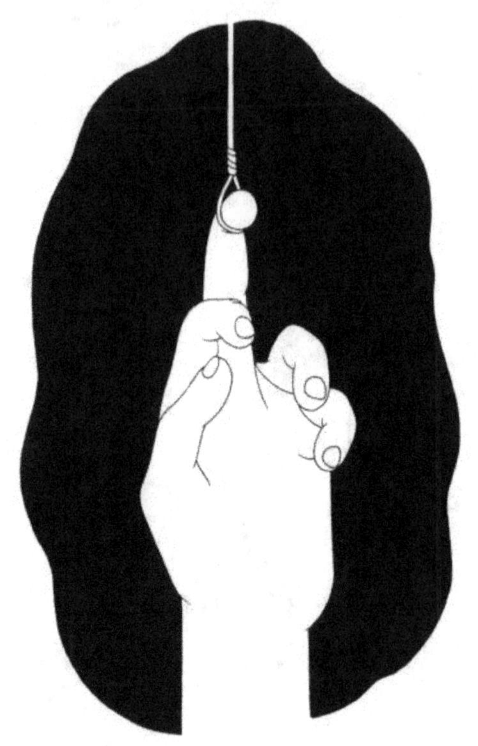

Carlos Fareta

Oda a mí

Hay días que son realmente difíciles en mí,

y me vuelvo descaradamente cobarde,

la paranoia me toma por los pies,

y me arrastra por debajo de la cama,

dejándome MENTALMENTE AGOTADO.

Al consumirme en silencio el frío recorre mi espalda,

siento tanto miedo y me pregunto:

¿Quién recogerá mis restos?

Por que algunas veces me he llegado

a sentir tan insignificante,

por que algunas veces desearía dejar de existir.

Amores no correspondidos

Ella está loca por mí,

yo por ti, y tú por alguien más,

si seguimos así

terminaremos convirtiendo

en un maldito manicomio

toda esta ciudad.

Carlos Fareta

Madrugada

Es cuando nos duele

la vida un poquito más de la cuenta.

Envidio al cielo

que llueve todo aquello

que no me he permitido llorar.

Carlos Fareta

Ya no sé si necesitar de alguien

es amor o debilidad.

Cartas al Pasado

 Intenté enterrar lo nuestro

bajo tierra

y no funcionó,

cariño, este amor que siento por ti

de alguna manera siempre vuelve a florecer.

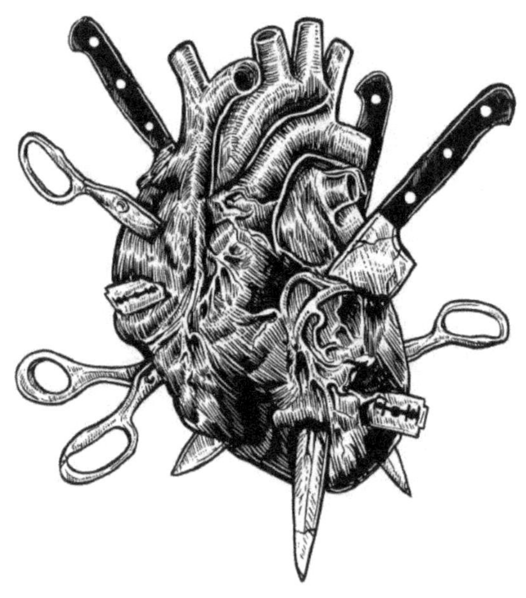

Carlos Fareta

- ¿Por qué siempre me pasa esto a mí? –

Le pregunté al cielo mientras lloraba.

El cielo no supo que responder,

así que solo llovió,

llovió tanto como pudo

para acompañarme en mi dolor.

Cartas al Pasado

 Si evitas las señales

solo te encontrarás

con el desastre que hay en mí.

Carlos Fareta

No me puedo ir de aquí

así por así,

usted tiene algo

que a mí me pertenece,

mi vida para ser exactos.

Alas rotas

No quiero renunciar a ti,

pero cariño, ya no sé que hacer

para que te quedes a mi lado.

Carlos Fareta

Ilusiones

Que jodidos estamos

cuando lo que creíamos

que era amor,

solo nos había terminado cegando

de la verdad.

Cartas al Pasado

Quisiera que sintieras
por un momento
lo que yo siento por ti,
pero cariño, tanto amor
en el pecho podría
llegar a asfixiarte.

Carlos Fareta

Lo único que sé,

es que aún no sé

como olvidarte.

Cartas al Pasado

 La conozco a la perfección,

sé cuanto miedo le costará

el abrirse de manera sentimental

a otra persona,

y si tú la dejas ir,

una parte importante de ella

se irá contigo,

su fe en el amor

sin duda alguna.

Carlos Fareta

Rompimos dos cosas aquella noche:

tú mi corazón,

y yo la promesa

de no volver a buscarte.

Me lo repetía en las noches de insomnio

"Quizás pudo funcionar,

pero no tuvimos el valor de intentarlo"

Y esas simples palabras me eran suficientes

para destrozarme el corazón.

Carlos Fareta

Llevo los ojos llenos de recuerdos,

y las mejillas empapadas de ti,

Te lo diré de la manera más sencilla:

"No te he podido olvidar"

¿Por qué arrancaste lo poco

que quedaba de este hermoso jardín?

Me he quedado sin nada más que ofrecer.

¡Vete de aquí!

Carlos Fareta

Llevamos el corazón

como un cristal,

algunos frágiles,

y otros blindados ante el dolor.

Cartas al Pasado

Cierra tu puta boca

de una maldita vez,

tus palabras me lastiman

como sal sobre la herida.

Carlos Fareta

Autodestrucción

Amar a quien no te ama

te romperá lentamente

el corazón, hasta dejarte

totalmente vacío.

Y si no volvemos a coincidir en esta vida,

deseo que encuentres el amor,

y te amen con la misma

intensidad que amas.

Carlos Fareta

Me alejé esperando a que notaras mi ausencia,

y lo peor para mí no fue marcharme,

fue que jamás te dieras cuenta

de que siempre estuve para ti.

Tus palabras fueron balas

directas a mi corazón,

¿Cómo te atreves a pedirme

que deje de sangrar por ti?

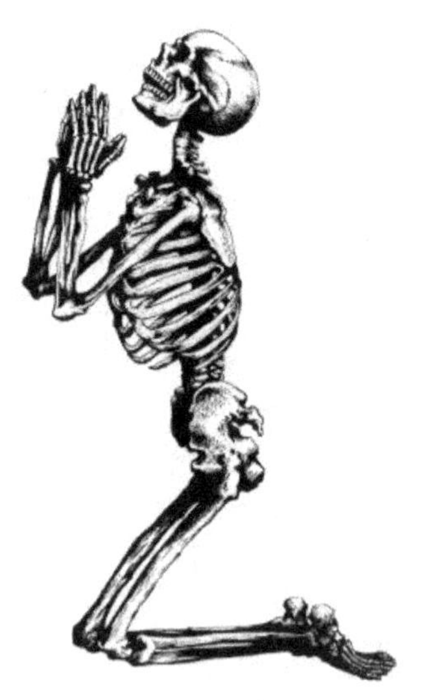

Carlos Fareta

Ella no era la chica adecuada para mí.

¡Pero Dios,

hubiese dado cualquier cosa

por que lo haya sido!

Cartas al Pasado

 No puedo aún evitar llorar

con aquel tema que se convirtió

en nuestra canción favorita

alguna vez.

Carlos Fareta

Te permití la entrada al único lugar

en el cual me podía sentir seguro,

y te atreviste a destrozar y ensuciar por completo.

¿Cómo tienes el descaro de pedirme

que te deje entrar una vez más a mi vida?

Te solté y regresé

a la superficie.

 Ahora que veo la luz,

no volveré

a ahogarme en ti.

¡Ya no!

Carlos Fareta

Tiempo, un último favor.

Ayúdame a olvidarme de ella.

Cartas al Pasado

No mentí cuando dije

que te pertenecía por completo,

es por eso que duelen partes de mi cuerpo

cuando me tratan de acariciar otras manos,

y siento como se me achica el pecho

cuando alguien más intenta

entrar a mi corazón.

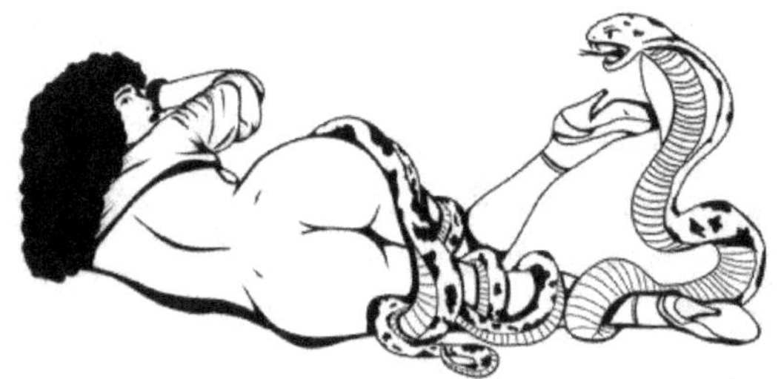

Carlos Fareta

Mira lo que has hecho de mi piel,

un cementerio de caricias

que reclaman tus manos al amanecer.

Cartas al Pasado

Grité tan fuerte mi dolor,

el viento lo sabe,

me he quedado sin vo (s) z.

Carlos Fareta

 Me quiere,

no me quiere,

me quiere,

no me quiere,

me quiere,

no me quiere.

Discúlpame cariño,

he acabado con todas tus flores

desprendiendo cada pétalo de ellas,

fue mi culpa, no sabía a quien permitirle

tomar las decisiones,

si a mi cabeza o a mi corazón,

y ese fue el error.

Envíame un "te extraño"

que ponga mi orgullo de rodillas

y me acerque a ti.

Carlos Fareta

Yo escribo frases de amor en internet,

algunas sobre ti, otras sobre mí,

y unas cuantas sobre nosotros,

pero tu mueres por alguien más,

y eso duele.

Cartas al Pasado

Te conozco más de lo que crees,

sé que tus ojos no pueden cargar

con el peso de una mentira.

Es por eso que bajas la mirada

cuando pido que me hables con la verdad.

Carlos Fareta

Cariño, no te refugies en mí.

no soy tu salvavidas,

yo soy el mar.

Cartas al Pasado

Desde pequeño

papá me dijo

que los hombres

no debíamos llorar,

pero jamás me explicó

que debíamos hacer

con toda esa carga

que uno se guarda en el pecho,

y todo el peso de las palabras

que pueden llegar a lastimarnos

el corazón.

Carlos Fareta

Solo estamos un poco rotos,

ya sanaremos.

V

Transformación

"Hoy elijo mi propio camino,

voy a rescatarme de ti"

Es una guerrera,

si la vida le lanza piedras,

sobre el dolor ella edificará

una fortaleza.q

Carlos Fareta

No te rindas

de esta vida cariño,

tú eres la única razón

por la que sigo aquí.

Bajo esta soledad en mí

encontrarás una buena compañía,

conóceme un poco más

y lo descubrirás.

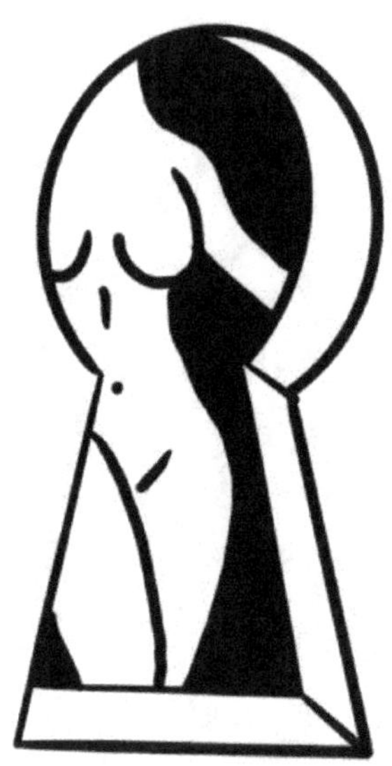

Carlos Fareta

Y yo lloré toda la noche,

por que resulta más fácil

dejarse llevar por la corriente del río

que luchar ante ella.

Cartas al Pasado

Para el mundo son solo escritos,

¡Cariño, ellos no saben que son mis sentimientos

más sinceros hacía ti!

Carlos Fareta

Y si alguien muere por ti,

que sea de deseos de vivir

una vida a tu lado.

Cartas al Pasado

Le rindo cuentas a mi conciencia

cada noche antes de dormir,

esa es mi definición

sobre el cielo y el infierno,

no necesito más que eso.

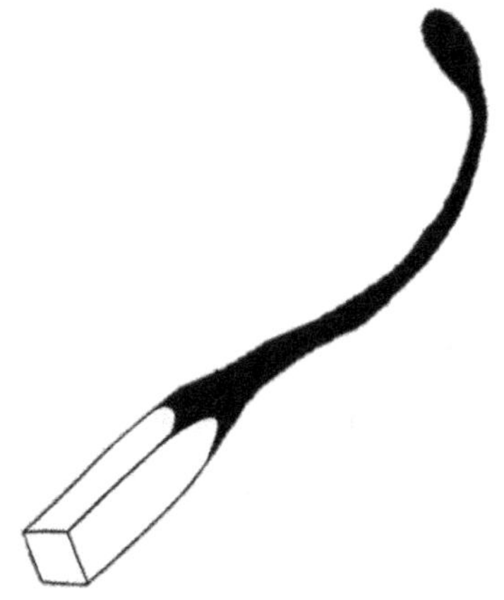

Carlos Fareta

El amor no es suerte,

es cuestión de tiempo,

no lo apresures,

solo deja que fluya

como agua de río

a encuentro del mar.

Amen

Amen tanto como puedan,

con el corazón y la piel,

con el alma y el cuerpo.

¡Por qué somos frágiles y fugaces

a los ojos de la vida!

¡Por qué llorarle a la muerte

no nos devolverá a los ausentes!

Carlos Fareta

El silencio llega a ser tan asfixiante

cuando tienes tantas cosas por decir.

Recuerda:

Las palabras guardadas

son como una bomba de tiempo

que pueden llegar

a destruir todo a su paso.

Es que llorando también se desatan

esos nuditos en la garganta

que no nos permiten respirar.

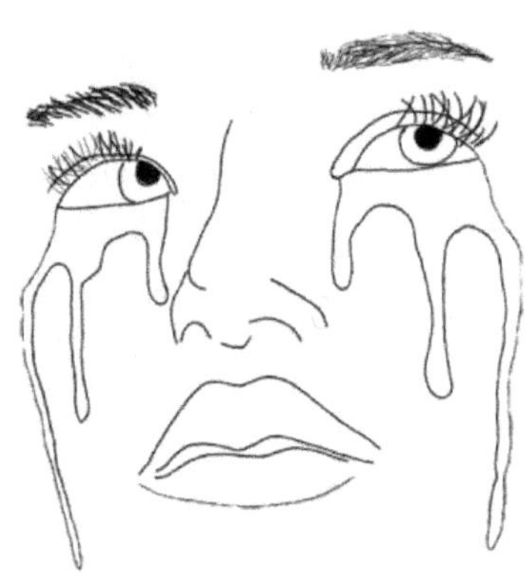

Carlos Fareta

Quítate la armadura un momento,

y aclara tus pensamientos,

toma las cosas con calma,

te aseguro que mañana

todo estará bien.

¡Yo creo en ti!

Cartas al Pasado

Recuerda siempre esto:

Eres el premio mayor.

Tu amor es un regalo

que se le da a un hombre

una sola vez en la vida.

Carlos Fareta

¡Cariño, que bonita sonrisa escondes

debajo de toda esa tristeza!

Cartas al Pasado

 No perturben su paz,

ella duerme al calor

del fuego del dragón,

y ustedes solo son caballeros

con armaduras de papel.

Carlos Fareta

Me gusta llorar bajo la lluvia,

por que cuando llueve intensamente

siento que el cielo se me viene encima

y ese es el momento en el cual

libero toda esa tristeza

que existe en mí

sin ser juzgado

por el resto del mundo.

¿Ahora entienden por qué

el invierno es mi estación favorita?

Cartas al Pasado

 "Lo que no te mata

te hace más fuerte",

eso lo sé de sobra,

cuando me rompiste

el corazón, después del dolor

me volví indestructible.

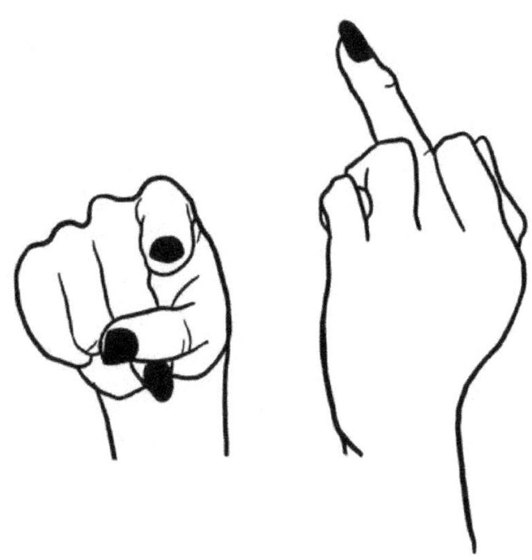

Carlos Fareta

El amor propio

es el más difícil de conquistar,

y el único que debería de durar

toda una vida.

Cartas al Pasado

¡Mujer!

cambiaste la corona

por capa y espada,

convirtiéndote

en una guerrera,

me gusta verte así,

tan valiente e indomable.

Carlos Fareta

Quizás el sexto sentido

de una mujer

es solo un demonio

susurrando verdades a su oído.

Cartas al Pasado

 Esta noche usa tu vestido favorito

y tus tacones más cómodos,

vamos a encenderle fuego

a toda la pista de baile

y danzar sobre las cenizas

de una vida que dejaremos atrás.

 Al salir el sol te aseguro

seremos nuevos seres.

Carlos Fareta

¿Y si me das un poco más de tiempo?

Aún estoy limpiando

todo ese caos que alguien más

dejó en mí.

Prometo que valdrá la espera.

Cartas al Pasado

Mi cuerpo siempre

le pertenecerá al campo,

llegará pronto el final

de mis tiempos.

Crecerán flores

donde yacen mis escombros,

y cuando mis huesos se desintegren

regresaré con la madre tierra.

Mi alma se elevará al cielo,

libre como las aves.

Carlos Fareta

Mujer, me gusta verte así,

sonriendo frente al espejo,

siempre segura de ti misma,

sintiendo amor propio

en cada rinconcito de ti.

El amor mientras sea honesto, no dolerá,

todo está en las manos en quien uno

decida entregar el corazón.

Carlos Fareta

Sobre todo ese mar de lágrimas

ella sale a flote por su propia valentía.

No necesita de nadie.

Esa chica se salva sola.

Cartas al Pasado

Cuídate de aquellos que usan el nombre

del amor para satisfacer sus propias necesidades,

por que cuando toman todo lo que quieren

se marchan dejando destruido un corazón,

cuyo único error cometido fue amar.

Carlos Fareta

Aún queda amor en tu alma,

respira y seca tus lágrimas,

no permitas jamás que gente

tan mierda ensucie tu corazón.

Cartas al Pasado

Con sus propias manos una mujer

puede satisfacer su cuerpo,

lo que ellas buscan es a un verdadero

hombre que pueda satisfacer

de lleno a su corazón.

El amor siempre será

como un animal salvaje

con un apetito voraz.

Carlos Fareta

Libreros

Ese colapso mental

solo fue el cierre

a un capítulo más en tu vida.

Sobreviviste al dolor,

a partir de ahora se viene

lo mejor de tu historia.

Cartas al Pasado

Que manera la tuya de aferrarte

a fantasmas del pasado,

cuando aún quedan

manos por estrechar,

labios por besar,

piel por acariciar

y personas por amar.

Carlos Fareta

Te mereces a una persona

que no dude en reemplazar

a todas las estrellas del universo,

solo para poder perderse de lleno

en el brillo de tus ojos.

Cartas al Pasado

 Mi corazón se merece

toda esa calma,

toda esta paz

que siente ahora,

después de luchar tanto

contra una tormenta

que creía no poder superar.

Carlos Fareta

Ella es una guerrera,

no una princesa,

así que vete con tus cuentos

de hadas a otra parte.

EL MIEDO AL RIESGO

¿De cuántas oportunidades nos hemos perdido

por quedarnos sentados en silencio?

¿Cuántas piezas de baile dejamos pasar

por no arriesgarnos a hacer el ridículo por una noche?

Por que siempre quise conversar con la chica

de mis sueños y bailar junto a ella hasta olvidar

que el mundo nos observaba.

Por que basta solo un impulso lleno de valor

para dar el salto y descubrir que la vida nos reserva

momentos realmente increíbles esperando

a ser descubiertos.

Entonces dime ¿Qué harás esta noche?

¿Quedarte sentado desde el otro lado del miedo

o dar el salto y comerte el mundo?

Por que ganes o pierdas, la vida nos enseñará

que vale más el riesgo, que vivir en el "quizás"

en el "tal vez pudo ser".

Así que dejemos el miedo atrás, que nos esperan

grandes cosas por descubrir, por experimentar por vivir.

Carlos Fareta

No temas si esta noche
te empiezas a caer a pedazos,
el dolor no es permanente,
es parte del ser humano,
tarde o temprano el tiempo terminará
acomodando cada pieza
en su respectivo lugar,
debes de permitirte sanar
para poder avanzar,
es ley de vida.

Papá tenía razón,

no se juega con la tristeza,

el alma, ni el corazón.

Carlos Fareta

Y si la gente destruye tu paz,

elige la soledad, es fiel compañera.

Hasta el mismo cielo siente celos al verme brillar.

Hoy me siento bien.

Carlos Fareta

El amor siempre en su estado puro,

sin condiciones, sin negociaciones.

A la primera ofensa, golpe o insulto,

toma tus cosas sin dudarlo

y vete de ahí,

la vida ya es lo suficientemente

difícil como para perder

el tiempo con amores mediocres.

Cartas al Pasado

No permitas que coloquen

tu estabilidad emocional

sobre una cuerda floja.

Solo buscan hacerte perder

el equilibrio mental,

para verte destruido en el suelo.

Carlos Fareta

Estoy aquí para disculparme

por todos esos imbéciles

que llegaron a tu vida,

a lastimarte y hacerte dudar

del tipo de mujer que eres.

Vales todo el tiempo que te tomes

para llegar en el momento preciso

a la vida de un hombre correcto

y ser aquella persona indicada para él.

Cartas al Pasado

 Cariño, no disfraces la tristeza,

todos nos rompemos alguna vez.

Pero si te sientas a esperar a que te sanen,

la espera hará que se infecte la herida.

 Solo tú te conoces de pie a cabeza,

desde el alma al corazón,

no esperes nada de nadie,

solo tú puedes salvarte.

Carlos Fareta

Se cansó de vivir

la vida que otros querían para ella,

se dio media vuelta,

eligió su propio camino,

y se fue a vivir su propia vida,

una vida de verdad.

Cartas al Pasado

Carlos Fareta

Agradecimientos:

Mamá, me enseñaste el uso de las palabras y el poder en ellas para alojarme
en la mente y corazón de aquellas personas que están dispuestas a conocerme
a través de este libro, tú eres y serás el motor de mi vida, siempre me ayudaste
a forjar mi carácter e indicarme que el dialogo es la mejor herencia que me
podías dejar y como me mostraste que para poder expresarme solo necesito
tener argumentos válidos, respetando las ideas que el mundo me llegue
a compartir, es inefable la admiración que siento por ti, muchas gracias por todo
madre, amiga mía, mi alma gemela, te amo con mi existencia respetando
siempre tu memoria, a mi hermana Carmen, mi apoyo, mi razón de continuar,
te debo tanto por leer cada frase, cada verso, cada idea que te comparto
y a animarme a dar lo mejor de mí en esta vida, el paso es lento pero seguro,
a papá por mostrarnos este mundo maravilloso que encontramos en la lectura,
por desearme lo mejor desde mi infancia, por ser quien soy ahora y mostrarme
el mejor camino, sin ti estaría perdido.

Con amor infinito y lágrimas de felicidad les agradezco infinitamente,
solo ustedes saben lo mucho que significa este pequeño libro, los amo.

Cartas al Pasado